LE MAITRE DES HAUTES ŒUVRES

OU BOURREAU

A SAINT-OMER

LE MAITRE DES HAUTES ŒUVRES

OU BOURREAU

A SAINT-OMER

PAR

M. PAGART D'HERMANSART

Secrétaire-général de la Société des Antiquaires de la Morinie,
Membre correspondant de la Société des Antiquaires de
France, de la Société des Études historiques, de l'Académie
d'Arras, etc.

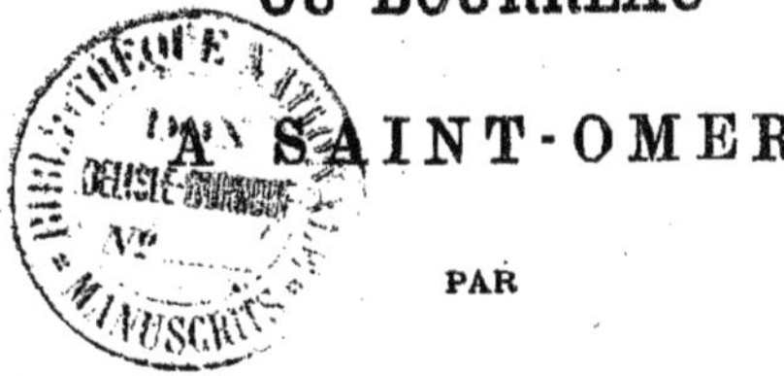

SAINT-OMER
IMPRIMERIE ET LITHOGRAPHIE H. D'HOMONT
RUE DES CLOUTERIES, 14

1892

LE MAITRE DES HAUTES ŒUVRES

OU BOURREAU

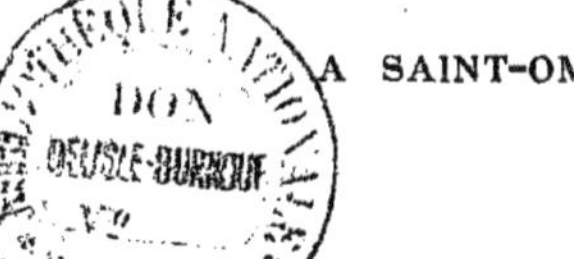

A SAINT-OMER

L'échevinage de Saint-Omer, comme celui des villes dites *villes de lois*, avait le droit de haute justice, c'est-à-dire celui de prononcer des peines capitales [1] ; et en matière criminelle, ses jugements étaient définitifs [2]. En signe de leur droit et

[1] Article 2 des coutumes de la ville de 1509 et 1531.

[2] « Et en matières criminelles ne ont accoustumé d'estre » appelables des jugemens et sentences par eulx rendus, non » plus que sont les villes capitalles des Pays et Conté de Flan- » dres, duquel Pays ladicte Ville a esté aultreffois esclicée, et » en signe qu'ils ne sont appellables esdictes matières crimi- » nelles non plus que lesdicts de Flandres, ils ont accoustumé » faire randigier leurs dictes sentences criminelles en lengaige » Flameng. (Art. 7, coutumes de la ville 1509 reproduit en » 1531). Cependant, après la conquête française (1677) le rôle de la justice échevinale fut restreint. Au moyen d'un appel *à minima* que ne manquait jamais d'interjeter le ministère public sur les jugements préparatoires relatifs à l'instruction, les pré- venus étaient distraient de leurs juges naturels et traduits devant le conseil d'Artois qui ne manquait jamais de son côté d'évoquer la cause au fond.

* Extrait de la 160ᵉ livraison du *Bulletin historique* de la So- ciété des Antiquaires de la Morinie.

de leur puissance, les mayeur et échevins faisaient
porter devant eux, dans les cérémonies publiques,
deux coutelas ou tranche-têtes, à lame large et
plate, légérement arrondie par le bout, aux quil-
lons longs et droits et aux lourds pommeaux,
qu'on ne pouvait manœuvrer qu'à deux mains [1].
Ils avaient aussi un exécuteur de leurs jugements [2].

Les historiens de Saint-Omer, même ceux qui
se sont occupés plus particulièrement de l'histoire des institutions de cette ville, ne donnent
aucun détail sur le *maître des hautes œuvres* ou
bourreau [3]. Il est vrai que cet officier, bien qu'il
fît partie des agents inférieurs de l'administration
échevinale, n'est indiqué que rarement sur les
registres au renouvellement de la loi et dans
ceux des délibérations du Magistrat qui nous
restent. La plus ancienne mention qui y soit rela-
tive paraît être celle de l'un de ces premiers registres, et remonte à 1363. Mais les comptes de
la ville indiquent plus souvent, soit la pension
fixe payée à cet officier, soit les gages spéciaux
qui lui étaient alloués pour chaque exécution,
d'après le mode de paiement usité pour ses sa-
laires, qui ne fut pas toujours identique. De plus,
les archives et quelques registres nous ont con-

[1] Ces longues épées existent encore au musée de Saint-Omer
(nᵒˢ 105 et 106), elles sont du xivᵉ siècle.

[2] Dans les grandes communes seulement il y avait un exécuteur des hautes œuvres ; dans les autres l'application de la
peine était confiée à des sergents.

[3] M. Giry, dans son *Histoire de Saint-Omer jusqu'au XIVᵉ siècle*,
se borne à indiquer les diverses peines prononcées par la justice échevinale.

servé divers règlements concernant le bourreau.

À l'aide de ces documents on peut essayer d'indiquer les fonctions, les obligations et les gages du bourreau.

Le maître des hautes œuvres à Saint-Omer, qu'on appelait aussi au xive siècle *boureil, bourel, bourrel,* et qu'on désigna plus tard sous le nom d'*officier criminel* et de *bourreau,* était nommé par le Magistrat ou corps municipal. Mais la justice royale du Bailliage employait aussi son ministère, c'est pour cela que nous le voyons, notamment en 1363, prêter serment devant le grand bailli. Le souverain, outre les gages qu'il allouait au bourreau et dont nous parlerons plus loin, contribuait également pour un tiers à l'entretien du gibet et à celui de la potence [1], et l'épée ou glaive dont on se servait pour décoller était aux armes de la ville et du prince [2]. C'est qu'en effet la justice que la ville exerçait dans la cité et la banlieue était celle même du comte d'Artois, déléguée par lui aux

[1] A Regnaud poret, carpentier, pour une neuve esquielle (échelle) portée au gibet de ceste ville, dont le recereur pour nostre très redoubté seigneur mons. le duc doit rendre et paier le tiers, comme accoustumé est... xxxiii⁵ iii⁴ ob. (Comptes de la ville 1435-1436.)

« Le Procureur du roy ayant proposé à celui de la ville de » laisser la potence sur le marché commune entre les deux » juridictions et que, quand il en fandroit faire une autre, led. » procureur du roi en feroit les frais et qu'elle demeureroit » aussi commune, le Magistrat accepte cette proposition. » (Table alphabétique des délibérations du Magistrat aux archives municipales, extrait du registre HH aujourd'hui perdu.)

[2] Voir plus loin extraits de comptes de la ville relatifs à l'épée de la ville.

échevins[1]. Le bourreau était donc préposé pour mettre à exécution les jugements portant condamnation à mort ou à quelque peine afflictive prononcée par les deux cours de justice de l'échevinage et du bailliage.

Nous n'indiquerons pas ici comment les divers crimes étaient punis[2], ce serait entreprendre l'étude du droit pénal en cette ville, et il faudrait pour cela pouvoir consulter les anciens procès criminels des différents siècles[3], et examiner les peines les plus ordinairement appliquées à tels ou tels méfaits, car les coutumes de Saint-Omer, comme celles de beaucoup d'autres communes, ne contiennent pas de textes législatifs criminels;

[1] Ubi vero justitia est comitis, est judicium scabinorum Sancti Audomari. (Charte de délimitation de la banlieue du côté d'Arques en 1247.) Nous avons cité ce texte dans les *Communautés d'arts et métiers* (Saint-Omer, D'Homont, 1879), t° I p. 42-43, en mentionnant les droits de justice de la ville et leur origine.

[2] C'est dans la charte de Philippe d'Alsace, rédigée vers 1168, art. 17 à 51, que se trouvent les premières dispositions pénales appliquées par l'échevinage (Mém. de la Soc. des Antiq. de la Morinie, t. IV *in fine*, p. 13). La législation à cette époque est plutôt un tarif de composition. Voir spécialement en ce qui concerne le droit criminel et pénal : *le Zoëne ou la composition pour homicide à Saint-Omer jusqu'au XIVe siècle*, par M. l'abbé Bled (Mém. des Antiq. de la Morinie, t. XIX, 1884). — *L'Histoire du droit criminel et pénal dans le comté de Flandre*, par P. de Croos (Bruxelles, 1878). — *Le Droit pénal dans le Brabant au XIIIe siècle*, par M. G. Van Ooetsem (*Messager des sciences historiques de Gand*, 1855-1856).

[3] Les registres du greffe du crime, contenant les anciens procès criminels ont été envoyés à l'arsenal en 1794 (décision du 22 messidor an II (10 juin 1794). — (*Bulletin des Antiq. de la Morinie*, t. 7, p. 193.)

et la tradition, l'usage plutôt que la loi, détermi-
nait autrefois la mesure du supplice et le propor-
tionnait à chaque crime. Nous nous bornerons
donc à rappeler les peines qui étaient le plus généralement appliquées par le bourreau, et comme
elles étaient à peu près les mêmes partout, il n'y
a pas lieu non plus de les décrire.

On sait que celles entraînant la mort étaient la
décollation par l'épée, la pendaison [1], la roue, le
bûcher, l'écartèlement, etc. D'autres n'étaient que
des peines corporelles telles que la flagellation, la
marque [2], l'exposition au pilcri, et diverses mutilations, notamment celles qui étaient quelquefois
appliquées aux bannis, à qui on coupait, avant
leur départ, une ou deux oreilles, ou le poing [3].
M. Piers, au surplus, a déjà indiqué « les plus
» notables exécutions qui ont eu lieu jadis dans
» la ville de Saint-Omer », surtout pour crimes
politiques. On voit dans son récit les coupables
brûlés, enterrés vifs, roués, décapités, écartelés,
mutilés, étranglés, pendus, livrés au supplice des
piques, etc [4]. Cette variété de pénalités s'explique

---

[1] Le bourreau était quelquefois désigné sous le nom de *pendeur, pendeur de larrons,* dénomination qu'il tirait d'un des supplices qu'il appliquait le plus souvent.

[2] *Arsé du seing de la ville,* disent les vieux textes.

[3] Ces mutilations étaient appliquées surtout comme consé-
quence du bannissement perpétuel ou de celui de 50 ans.

[4] *Exécutions et supplices à Saint Omer (Le Puits Artesien,* revue
du Pas-de-Calais, 1841, 5ᵉ année, St-Pol, chez Thomas, p. 581).
Le chroniqueur Hendricq mentionne aussi diverses condamnations prononcées par l'échevinage, notamment en 1609, 1611,
1613, 1614, 1616, 1618, 1623, etc... *(Recueil historique de Jean
Hendricq,* ms. de la bibliot. de la ville de St-Omer, n° 808, t. II
et III.)

par la latitude complète laissée autrefois aux juges
dans le choix des supplices à infliger aux mal-
heureux condamnés à la peine capitale ou à une
peine quelconque.

La mort ne suspendait même pas l'action criminelle, et les individus décédés en prison par suite
de blessures ou de maladie, pouvaient être condamnés[1], et leurs corps envoyés en justice, c'est-à-
dire suppliciés, lorsqu'ils avaient été convaincus
du crime pour lequel on les avait retenus. Les cadavres des suicidés étaient également exécutés[2].

Enfin les animaux eux-mêmes étaient l'objet de
condamnations ; en 1595, un pourceau qui avait
dévoré un enfant à l'hôtellerie du Mortier d'or
« fut jugé et exécuté au gibet sur le grand mar-
» chiet et fut tiré avec une poulie amont, puis
» estranglé ; de là il fust mené en pasture sur le
» chemin d'Arques, et illecq pendu à une potence,
» et laissé en cet état par longues espaces[3]. » Il

---

[1] M. de Coussemaker, dans son ouvrage : *Troubles religieux
du XVIe siècle dans la Flandre maritime*, Bruges, 1876, en donne
un exemple. En 1568, une bande de sectaires huguenots avait
assassiné le curé et le chapelain de Rubroucq, les auteurs de
ce forfait tombèrent entre les mains des troupes royales à Blan-
decques, près Saint-Omer. « Parmi eux se trouvait un cassel-
» lais du nom d'Olivier Forest qui fut gravement blessé dans
» sa lutte avec les paysans. Il fut appréhendé et conduit à la
» prison du château de Saint-Omer. Pendant l'instruction de
» son procès, il succomba à ses blessures. Néanmoins, après
» son décès, il fut condamné à mort pour l'exemple des autres. »

[2] Procès intentés aux cadavres de deux soldats qui s'étaient
suicidés, l'un en 1685, l'autre une vingtaine d'années plus tard.
(Inventaire sommaire des Archives communales du Pas-de-
Calais antérieures à 1790. Béthune, introd. p. 4 et FF. 26.

[3] *Recueil historique de Jean Hendricq*, t. I, p. 416-417, (ms. de

paraît qu'un semblable événement avait eu lieu
en 1370.

La question, ou torture, qui avait pour objet
d'arracher des aveux aux accusés, était également
appliquée par le bourreau.

Les prisons de la ville, où étaient enfermés les
accusés et les criminels soumis à la juridiction
échevinale, étaient au château de la Motte[1]. D'après
les comptes de 1415-1416, quatre d'entre elles
étaient désignées par les noms suivants : « l'anco-
lie, le violette, le doncre cambre, le treille [2] » ; elles

la bibliothèque de Saint-Omer, 808). On peut multiplier les
exemples d'animaux ainsi condamnés. Les archives de la Chambre des comptes à Lille (B 2134) mentionnent l'exécution par le
bourreau d'Ypres, en 1486, d'un pourceau qui avait mangé un
enfant sur la paroisse de Méteren, dans l'étendue de la justice
de Bailleul. — A Amiens, en 1463, deux pourceaux « qui avoient
» desquirré et rongnyé à leurs dens un petit enfant » furent
enfouis ; une truie, qui avait mangé un enfant dans son berceau,
fut « assommée à coups de batton par l'exécuteur de la haulte
« justice, cè fait, brulée et consommée en cendres » en 1582.
(*Justice et Bourreaux à Amiens dans les XVe et XVIe siècles,* par
A. Dubois. Amiens, Caron et Lambert s. d.) Enfin M. Prosper
Clayes, dans son étude sur le *Bourreau de Gand (Messager des
sciences historiques de Gand,* 1890 et 1891, cite les documents
donnés par J.-B. Cannaert dans ses *Bijdragen tot de kennis van
het oude strafrecht in Vlaenderen,* éd. de 1829, où il traite des
condamnations prononcées contre des animaux.

[1] 1. janvier-31 décembre 1431. Quittance et états de journées
d'ouvriers pour travaux exécutés au chateau de la Motte, que
l'on dit le Bourch, où sont les prisons de la ville de St-Omer.
(Inventaire sommaire des archives de la Chambre des comptes
de Lille, t. IV.)

[2] Pour avoir renforchiet et amendé les prisons de le ville

furent plus tard transportées au rez-de-chaussée
de l'hôtel de ville. C'est de là que les condamnés
étaient conduits aux divers emplacements où
avaient lieu les exécutions. C'était le plus souvent
sur la place du marché que les supplices étaient appliqués ; là en effet se dressaient le pilori et le gibet[1]. En 1360, un nouveau gibet fut élevé sur les
Bruyères, peut-être à un endroit qu'on appelle encore aujourd'hui *la Justice*, en face de l'entrée du
cimetière communal[2]. Pour certains crimes aussi,

nommées lancolie, le violette et le doncre cambre, pour avoir
refait lengien de le fosse en le dicte prison et avoir refait ı huys
devant le prison nommé le treille. (Compte de la ville 1415-16.)

A Wlle Vistelet, feuve (fèvre, ouvrier travaillant le fer), pour
avoir retenu et visité tous les fers de le prison de le ville, pour
tout l'an xxnnᵉ. (Id. 1416-1417.)

[1] 22 novembre 1402-30 septembre 1403. Quittance pour travaux opérés à St-Omer en la grosse tour du chateau et au pilori
sur le marché de le ville. (Id.) En 1517, le Magistrat le fit rétablir avec quatre piliers sur la grande place du marché. En 1618
on dut exécuter un condamné « sur un nouveau gibet que l'on
» avoit loué à cause que le viel avoit tombé passé longues
» années. » (Hendricq, ms. de la biblioth. de St-Omer 808,
t. III, p 67). En 1660, il était monté sur une colonne d'une
seule pierre. Quant au gibet, les archives de la Chambre des
comptes de Lille (Arch. départ. du Nord B. 1842) constatent
l'érection d'un nouveau gibet à Saint-Omer en 1386. Il appartenait sans doute au souverain.

[2] En 1360, les échevins payèrent les frais de construction
d'une « nouvelle justice kon dist gibet » hors la ville. (Quittance du 11 février. Inventaire sommaire des Archives du Pas-de-Calais A. 692.) — « La commune des Bruyères où il ne y
» croissans par tout que espines dictes de anchien langaige
» Galghedornes, et esquelles bruyères y est *le justice di celle*
» *ville*, et un billecocq servant es guerres..... west au lieu où

les condamnés étaient promenés dans les rues
et carrefours de la ville, avec des marques infa-
mantes, ou revêtus de costumes particuliers.

L'épée de la ville dont on se servait pour tran-
cher la tête aux individus condamnés à périr par
la décollation [1] était gardée et soigneusement entretenue par un armurier, à qui il était interdit
de la délivrer au bourreau sans ordre du Magistrat. C'est ce qui résulte de diverses mentions des
comptes communaux : « 1418-1419. — A Gheudin
» van der Meye, armoier, mary et bail de Ysabel,
» vefve de feu Théry Banghe, en son vivant aussi
» armoier, pour avoir gardé, nettoié et tenue clere
» lespée de le ville, tant du vivant dudit Therry
» comme depuis, par lespace de quatre ans, sans
» en avoir eu aucun salaire, au paris. XXIIII[s]. »

« 1431-1432. — A Henri Chobble XXV[s], monnoie
» courante, pour avoir refait et amendé lespée de
» le ville de laquelle on fait justice, et a le pumel
» fait et couvert de letton, et y mis les armes de
» mons[r] le duc [2] et de le ville, fait et passé par
» noss[rs] le XXIIII[e] jour de février l'an mil IIII[c] et
» trente. »

« 1446-1447. — *Item* pour avoir fait rappointier
» et repolir lespée de la justice appartenant à le
» ville, III[s]. »

» fut le village d'Alquines. » (Mesurage des communes appartenant à le ville de Sainct Omer faite au mois ds may xv° qua-
rante sept, par Jehan le bosere. G[d] reg. en parchemin, f° 194.)

[1] Dans certaines villes on se servait d'une hache.

[2] Le duc de Bourgogne, comte d'Artois. A Bruges aussi, la
poignée du glaive portait l'écusson ducal (comptes de 1456-57);
à Gand, un écu d'argent aux armes de la ville était ajouté sur le
pommeau du glaive à deux mains dont le bourreau faisait usage.

D'autre part, le registre aux délibérations du Magistrat B, d'avril 1448 à octobre 1474 porte en 1460 : « Item ledit xvᵉ jour (de juillet) conclurent » que lespée de le ville de laquelle lon fait les exé- » cutions des personnes jugiés à décoler sera do- » resnavant gardée et entretenue par Guérard lar- » moyer aux despens dicelle ville, et lui ordonne » de la non livrer sans le charge de Messieurs. »

Avant-le dernier supplice, les échevins faisaient distribuer du pain ou du vin au condamné. Deux d'entre eux assistaient généralement aux exécu- tions avec le grand bailli ou son lieutenant et le châtelain, et pendant l'application des peines il leur arrivait de se faire servir également du vin ou des fruits. Les plus anciens comptes de la ville font foi de ces usages. On peut citer ceux de 1415- 1416 : « A Jehan de Westanderme pour demy lot » de vin, pain et herenc baillet à Gilleque Scelle- » broucq, liquelx fu jugiés à pendre le pénultième » jour de février, xviiiᵈ. » Puis les comptes de 1435- 1436 : « Item paié iiiˢ viiᵈ monnoie courant, est » assavoir les xixᵈ pour le lot de vin et ung pain » qui furent baillé à henri de Wolparczenne, aprés » ce qu'il fu jugiez à copper le teste, et les autres » iiˢ pour demi-lot de vin et chérises despendus » par noss. en hale endement s. que on confessoit » ledit henri, le xiiiᵉ jour de juin l'an mil iiiiᶜ xxxvi, » et pour ce iiiˢ viiᵈ qui valent au paris. iiiˢ iᵈ. » « A Clay Zelvere tavernier pour demi-lot de vin » et pain que Noss. firent avoir à ham, le Roede, » aprez ce que il fu jugiez à luy copper, le xiiiᵉ » jour d'aoust, xixᵈ ; et à estéve beaufilz pour une » pinte de malevisée et 1 pain despendu par noss.

» en dement s que plus de noss. furent à le bourch
» pour examiner ledit ham, ci IIˢ VIIᵈ. »

En 1448-1449 on trouve une dépense analogue :
« A Gilles de Canchy, tavernier, pour vin et pain
» despensé pour ung nommé Rombaut franchois,
» naguères exécuté à la justice de ceste ville, et par
» les bailli et seyens qui lui tinrent compaignie
» après sa condempnation, IIˢ VIIᵈ. »

Les peines que nous avons énumérées plus haut
étaient souvent terribles, et appliquées avec un
raffinement de cruauté dont on ne saurait se faire
l'idée aujourd'hui. Toutefois, nos pères avaient une
haute idée de la justice criminelle et la notion
exacte du droit de punir dérivant de l'idée de justice absolue et de l'utilité sociale. Ainsi, par une
disposition spéciale d'un règlement du 23 octobre 1655, qui n'est sans doute que la reproduc-
tion d'autres recommandations plus anciennes de
même nature, ils obligaient le maître des hautes
œuvres à se conduire avec humanité, à consoler
les patients, à les exhorter à avoir confiance en
Dieu et à souffrir pour l'expiation de leurs fautes [1].

[1] Voir ce règlement à la fin de ce travail, Pièces justifica-
tives II. On trouve au surplus, dans diverses coutumes des villes
flamandes, ces idées d'humanité et de miséricorde. Le stile de
la procédure pour la ville et la chastellenie d'Audenarde du
16 février 1619 portait : « XXIV. Lorsque la sentence de mort
» sera résolue, le juge aura un soin particulier que le patient
» soit averti avec douceur et discrétion dans un temps raison-
» nable avant qu'elle lui soit prononcée et exécutée, prenant
» soin de le pourvoir d'un confesseur pour le consoler ou l'ad-
» monester, et il fera exécuter la sentence le jour qu'elle sera
» prononcée. »

L'application des peines se faisait publiquement. On pensait alors que la vue du supplice pouvait effrayer ceux que de mauvaises passions poussaient aux crimes, et on considérait le spectacle ainsi donné comme moralisateur. Mais chez une population, en majorité flamande[1], où le meurtre était assez fréquen[2], et où le droit de vengeance privée, persista si longtemps[3], il est douteux que la crainte du châtiment ait arrêté le bras des meurtriers. Et alors, comme trop souvent aujourd'hui, une exécution capitale était peut-être un spectacle auquel la foule se pressait. En 1660, le concours de peuple « pour voir exécuter une femme condamnée à être pendue pour avoir tué son mari » fut même si grand que le pilori, qui était une colonne d'une seule pierre, tomba et écrasa plusieurs personnes[4].

Le droit de grâce, qui est corrélatif du droit de punir, appartenait au Magistrat, et il pouvait l'exercer sur une simple supplication verbale au

[1] Jusqu'à la fin du xvie siècle, les ordonnances du Magistrat se publiaient au dossal en flamand, afin qu'elles fussent comprises du peuple.

[2] M. Baudrillard, dans son étude sur les *Populations rurales de la France du nord et du nord-ouest (Artois, Picardie et Flandre) I État intellectuel et moral,* rappelle que les Flamands étaient enclins à se battre entre eux, et que jusqu'au règne de Louis XIV les homicides y étaient très fréquents. *(Revue des Deux-Mondes,* livraison du 15 août 1882, p. 853.)

[3] Voir le *Zoéne ou composition pour homicide à Saint-Omer jusqu'au XVIIe siècle,* par M. l'abbé Bled. (Mém. des Antiq. de la Morinie, t. XIX.)

[4] Table alphabétique des délibérations du Magistrat aux Archives de la ville. (Extrait du registre DD aujourd'hui perdu.)

moment même où l'exécution du coupable allait commencer. Nous en donnons un curieux exemple qui remonte à l'année 1448 [1].

Le bourreau prêtait serment d'exercer convenablement ses fonctions, et ce serment était quelquefois solennel et prononcé devant de hauts personnages ; tel est celui de 1363, le premier qui soit connu : « Le XXVIe jour de juillet, l'an LXIII (1363) » Villay Lenglet jura l'office de bourel en plaine » halle, présent maitre Tristan du Bos, Mess. » Maturin Rogier au jour gouverneur d'Artoys, » Messire Jean de Creky, audit jour baillu de S^t » Ommer [2]. »

Nous n'avons pas trouvé de trace que cet officier dût être soumis à une espèce de stage avant d'être agréé, ni passer en quelque sorte un examen, comme à Gand, bien qu'en raison de la variété des supplices il lui fallût, pour exercer ses fonctions, une certaine habileté et une certaine force physique [3].

Le maître des hautes œuvres ne pouvait quitter la ville sans l'autorisation de l'échevinage : la nomination en 1456 de Martin Petit, natif de Salins, pour bourrel, en remplacement de Jehan Blondel, qui était allé exercer le même office à Bruges, porte en effet qu'il promet de ne pas s'absenter de la ville sans que le Magistrat le permette [4].

[1] Pièce justificative I.

[2] Registre au renouvellement de la loy C, de 1355 à 1375, aux archives de la ville.

[3] *Le bourreau de Gand (Messager des sciences historiques de Gand,* année 1890, 3e et 4e livraisons, 1891, 1re livraison et suivantes.

[4] Registre aux délibérations du Magistrat C. 13 mars 1456, et Règlement du 23 octobre 1456. (Pièce justificative II.)

Toutefois, cette permission était sans doute obtenue facilement; nous voyons en effet le maître des hautes œuvres être appelé quelquefois, avec ses cordes, à Aire, à Gravelines, à Bailleul et à Boulogne. Pendant les troubles religieux qui désolèrent la Flandre maritime de 1560 à 1570, plusieurs messagers furent aussi envoyés de Bergues pour chercher l'exécuteur [1] de St-Omer.

De même, il arriva quelquefois qu'il n'y avait pas dans la ville de titulaire de l'office de maître des hautes œuvres, ou qu'il était empêché d'exercer ses fonctions ; on en faisait venir alors un d'une ville voisine, car l'exécuteur de Saint-Omer ne paraît pas avoir eu de suppléant. Hendricq raconte notamment qu'en 1618, l'officier criminel s'étant enfui de Saint-Omer « pour prendre autre parti » en Flandre », ce fut le bourreau d'Arras qui fut appelé pour exécuter un bourgeois « qui eut sen- » tence du dernier supplice par la corde sur le » marchiet, et ce pour avoir occis d'un coup de » couteau la sœur de sa femme et la fille d'icelle » femme aussi [2]. »

D'autres fois, le bourreau était aidé par des exécuteurs des hautes œuvres venus d'autres villes. C'est ce qui eut lieu notamment pour le supplice de Montbailly [3], condamné par le con-

[1] *Troubles religieux du XVI° siècle dans la Flandre maritime,* par Ed. de Coussemaker, t. III, (Compte « des biens confisqués à » l'occasion des troubles passez au quartier de Bergues Saint » Winnocq et Berchambacht » qui s'étend de 1568 à 1571, f° 40, 41, 42, 43.)

[2] Ms. de la bibliothèque de la ville de Saint-Omer déjà cité 808, t. III.

[3] Montbailly, accusé d'avoir tué sa mère, subit le supplice de

seil d'Artois en 1770 à « avoir le poing coupé,
» les bras, jambes, cuisses et reins rompus vifs
» sur un échafaud, ensuite son corps mis sur une
» roue, la face tournée vers le ciel pour y demeu-
» rer », et pour celui d'Anne Dañel, sa femme,
condamnée « à être pendue et étranglée », et dont
les « corps durent être ensuite jetés au feu dans
» un bûcher ardent et leurs cendres jetées au
» vent. » Ce ne fut pas trop de l'adjonction à
l'exécuteur de Saint-Omer de ceux de Cambrai et
de Douai pour de tels supplices.

Divers avantages matériels étaient attachés à la
charge de maître des hautes œuvres.

Il fut d'abord exempt des droits sur la bière,
plus tard il eut droit à un tonneau de bière par
mois ; il était aussi dispensé du guet, de la garde
et du logement des gens de guerre ; de plus, il
était logé aux frais de la ville, et n'était chargé
que de l'entretien des toits et des vitres de la maison qu'il occupait (1655).

Il recevait du Magistrat des gages qui ont varié
avec le temps. Ainsi, dans le compte communal
de 1412-1413, on lit : « A Jehan Apelman, boureil,
» pour la moitié de sa pension eskeant à ladicte
» St Jehan l. s. ci x^l vi^s ix^d par. » Dans les dé-
penses « pour la pension de le Cambre » au
compte de 1436-1437, Jehan Blondel, « maistre de
» la haulte oeuvre de ladicte ville » reçoit « pour
» sa pension de tout l'an cent sols. » En 1448, ses
gages étaient de x sous par semaine, mais on

la roue le 19 novembre 1770. Un arrêt du conseil d'Artois du
8 avril 1772 réhabilita sa mémoire. C'est à ce propos que Vol-
taire écrivit : *la Méprise d'Arras.*

l'avait contraint à renoncer à certains avantages
ainsi désignés dans le compte de 1448-1449 : « A
» Pierre Regnault, maistre de la haulte oeuvre en
» ceste ville, aux gages de x^s chascune sepmaine,
» pourvueu que sur les personnes apportans ven-
» dre oefs en ceste dicte ville, il ne prendera au-
» cune chose comme ont fait ses prédécesseurs
» ou dit office, laquelle chose estoit moult desplai-
» sant au peuple de dehors [1], et aussi que moien-
» nant iceulx x^s la sepmaine, la ville ara à son
» prouffit les gaiges que Mons. le Duc par son
» receveur de Saint-Aumer a accoustumé faire
» paier ausditz prédécesseurs d'icelli Pierre en
» office [2] montent IIII^l XVI^s parisis, aux termes de
» la chandelier, ascencion et toussaint, cy pour
» 1 II sepmaines finies au XVIIIe jour après noël
» comprins en ce compte, ci XVIII lib. IX^s VIII^d
» obol. »

D'après un règlement du 23 octobre 1655 accepté
par Guillaume Vaguette, l'exécuteur des hautes
œuvres eut des gages montant à 12 florins par

[1] Guyot, dans son *Répertoire de jurisprudence* t. VII, 1784), dit
qu'il y avait différentes villes où l'exécuteur de la haute justice
percevait ainsi gratuitement certains droits sur les marchés.
Ces droits, qu'on appelait communément *levage*, furent suppri-
més d'une manière définitive par un arrêt du conseil du 3 juin
1775. À Amiens, dit M. Janvier (*Petites histoires de Picardie*,
Amiens, 1884, p. 75), le bourreau avait aussi une pellée de sel
sur chaque bateau au quai, une pellée de charbon sur chaque
voiture, le droit de dîmer sur les filles de joie et de tenir jeu
de quilles et de brelan.

[2] Ces expressions prouvent bien que le bourreau de l'échevinage était aussi employé par la justice royale, et qu'il était
payé à frais communs. — Voir au surplus ce que nous avons
dit plus haut pour l'entretien du gibet, de la potence, etc.

mois. En 1662, il touchait 15 livres par mois, parce
que l'échevinage augmenta ses émoluments. En
1678 il recevait du Magistrat 20 florins par mois et
une tonne de bière, outre une rétribution spéciale par chaque exécution ; ces gages furent encore augmentés en 1682 et portés à 22 florins.

Ce traitement, payable par an, par mois ou même
par semaine, semble avoir été plus tard supprimé
par l'échevinage qui ne paya plus le bourreau que
par exécution : c'est ce qui résulte d'un texte du
XVII⁰ siècle qu'on trouve aux archives municipales
CLXI-34 intitulé : « Conditions sous lesquelles
» Messieurs du Magistrat prétendent de pourvoir
» à la charge de maistre des hautes oeuvres va-
» cante par la mort du nommé Bosquel, dernier
» pourvu. » On y lit : « Que moyennant ce, il serat
» tenu servir bien fidellement au fait dudit office,
» selon les cas quy se présenteront, à la rétribu-
» tion à luy accordée de trois livres pour chacune
» justice inflictive de peines au corps, et pour
» celle du piloury trente sols, en vertu des sen-
» tences émanées de mesdits sieurs du Magis-
» trat, sans touchier à celles des autres juges. »
Cette pièce n'est pas datée, c'est une copie à la
suite de laquelle se trouve la mention suivante :
« La datte de laditte provision estante sur le plv
» est tellement usée et déchirée que lon ne peut
» la lire, ne paraissante plus que la moitié de la
» signature du sieur Le Coingne, greffier. » Or,
comme le sieur Le Coingne a prêté serment le
16 septembre 1693 en qualité de greffier, ces let-
tres de provision doivent être de la fin du XVII⁰
siècle.

Au siècle suivant, après les édits de 1764 et de 1765,

l'exécuteur toucha deux cents livres par an et eut la
jouissance d'une maison. Mais il paraît qu'aupa-
ravant on lui avait donné pendant un certain
temps 300 livres ; aussi déclara-t-il en 1772 que
ses gages ne lui suffisaient plus, et demanda-t-il
le rétablissement de ses anciens émoluments. Le
Magistrat accueillit sa demande et décida, « sous
» le bon plaisir de M. le contrôleur général des
» finances », de remettre les appointements du
bourreau sur l'ancien pied, et de les fixer à la
somme de 300 livres.

Tels étaient les gages soldés successivement par
l'échevinage à diverses époques au maître des
hautes œuvres pour les exécutions qu'il faisait
dans la ville. Il était également payé par les muni-
cipalités des villes qui le faisaient venir, et il était
remboursé de ses frais de déplacement. Lorsque,
pendant les troubles religieux du xve siècle, il fut
notamment appelé à Bergues de 1568 à 1571, il
reçut pour l'exécution des sieurs Catte et Walle
« à l'advenant de chacune personne x[l] p. font xx[l]
» et pour trois de ses journées à xxx[s] le jour,
» faisant iiii[l] x[s] : xxiiii[l] x[s] » ;

Le nommé Hondemarcq exécuté par l'épée valut
au bourreau « la somme de dix livres parisis, et
» pour ses trois journées d'aller et venir, à l'ad-
» venant de trente solz parisis par jour, faisant
» iiii[l] x[s] p. : xiiii[l] x[s] » ;

Pour avoir mis à la torture Lambert Mahieu,
seigneur de Kemmele, il toucha « soixante sols
» parisis, et pour trois de ses journées, iiii[l] x[s] p.
» ensemble : vii[l] x[s] » ;

Le seigneur de Kemmele fut condamné à mort,
et Jacques Baret reçut pour l'exécution capitale

par l'épée « dix livres et trois de ses journées iiii[^l]
» x[^s], ensemble : xiiii[^l] x[^s] » ;

Il eut xvi livres pour l'exécution de Nicolas
Bodet, dont vi représentent quatre de ses journées, et pour celle de Moreel « x[^l] et pour trois de
» ses journées iiii[^l] ensemble : xiiii[^l] s. p. [1] »

Le souverain lui allouait aussi des gages fixes
qui, d'après le compte de 1448 que nous avons
cité, montait à quatre livres seize sous parisis
payables en trois termes[2]. Plus tard la justice
royale lui paya simplement ses vacations[3].

Outre ces gages, le bourreau devait avoir une
robe comme tous les officiers de la ville[4]. Il avait

[1] Compte-rendu par Jean Willaert des biens confisquez à l'occasion des troubles passez au quartier de Bergues Saint-Winnocq et Berchambacht, de 1568 à 1571 (*Troubles religieux du XVIe siècle dans la Flandre maritime,* par M. de Coussemaker, déjà cité, t. III, p. 328 et suiv)

[2] Voir aussi : « 1. janvier-31 décembre 1429. Quittance pour » gages de Gilles de Seninghem, lieutenant du bailli de St Omer, » au nom de Jean Huguelot, maître de la haute oeuvre en » cette ville. » (Inv. somm. Chambre des comptes de Lille, t. IV.)

[3] « Au maistre des haultes oeuvres pour avoir mis ledit » corps sur ledict traineau et après le conduict et fait mener » audict lieu d'Edequinnes, a esté payé xxx[^s], et pour l'avoir » mis à ladicte justice lx[^s], sont icy ensemble iiii[^l] x[^s] t. » (Comptes du bailliage de Saint-Omer du 24 juin 1567 au 24 juin 1568, aux archives de la Chambre des comptes de Lille, cités par M. Ed. de Coussemaker dans son ouvrage : *les Troubles religieux du XVIe siècle dans la Flandre maritime,* Bruges, 1876, p. 142.) Ce texte montre aussi l'exemple d'un mort supplicié par la justice du bailliage.

[4] A Boulogne, on demandait en 1612-1616 que l'exécuteur « ait à porter une cazacque ou au moins un bonnet de couleur ». (Invent. somm. des Arch. comm. antérieures à 1790, liasse 1270.)

encore droit aux peaux des bêtes mortes et abandonnées dans la ville, mais à charge d'en mener les corps à la voirie, et ceux qui perdaient de maladie des chevaux, vaches ou autres animaux dans la ville, devaient avertir l'exécuteur dans le délai de trois heures, à peine d'une amende fixée à six florins par une ordonnance du 7 juillet 1679.

Il ne paraît pas d'ailleurs avoir eu la police des rues et places, comme dans certaines villes, car c'était le roi des ribauds qui enlevait les bêtes mortes sur les marchés [1], et la ville payait un « tueur de chiens errants [2] » et un boueur [3]. Nous n'avons pas trouvé non plus qu'il ait eu la direction des filles de joie et certains émoluments pour leur surveillance. Mais en 1417 il avait obtenu des bailli, mayeur et échevins l'autorisation de tenir un jeu de quilles derrière les Jacobins dans l'intérieur de la ville.

On sait combien le bourreau était mal vu des populations [4], l'échevinage fut obligé à plusieurs reprises d'édicter des peines contre ceux qui l'insultaient, notamment le 29 juillet 1409, l'amende

[1] Comptes de la ville 1412-1413.

[2] Comptes de la ville 1415-1416. Dans ce compte « Jehan » Apelman, maistre de la haute oeuvre de ceste ville » touche une certaine somme « pour et au nom de feu Coppin van der » Crecque tueur de kiens ».

[3] Comptes de la ville 1417-1418.

[4] D'après le registre C f° 17 v° (arch. de la ville), il semble qu'un bourreau fut tué en 1453 par Jean de Wissocq. A Boulogne, on demandait qu'il lui fut fait défense de se mêler aux autres habitants. (1612-1616. Invent. somm. des archives déjà cité, liasse 1270.)

était alors de x livres. En 1641, le Magistrat d'Aire
demanda qu'on lui envoyât l'exécuteur des hautes
œuvres de Saint-Omer « pour faire les debvoirs
» de sa charge » et celui-ci ne consentit à se dé-
placer que si on l'assurait qu'on avait pris les
précautions convenables pour l'escorter et le
garantir contre la haine des soldats [1].

La place Suger portait en 1705 le nom de place
du bourreau, et aurait reçu cette dénomination à
cause du voisinage de la maison où demeura
l'exécuteur des hautes œuvres de 1525 à 1734. A
cette dernière époque la ville prit en arrentement
moyennant 40 livres, une autre maison au pied du
mont Sithiu pour le loger.

[1] Registre aux délibérations du Magistrat V 1638-1641, f 245.

PIÈCES JUSTIFICATIVES

I

4 Mai 1448.

Forme de pardonner le poing jugé à estre coppè.

Le iiii° de may (iiii° et xlviii), oye le confession de hannequin forgeron complice de Willéquin Pauwels, il fu mené au dossal, et illec condempné à avoir le poing coppé, et après ce mené desssculx le pillory, mis à genoux le poing sur le bloc et le doloire sur iceluy poing, le bourrel ayant le maillot levé pour frapper et copper led. poing d'icellui hannequin, mais en cest estat sapproche illecq de Alard de Rabodenghes bailli, de Jehan Robes chastelain, de s' Guillebert Loncle et s' Thomas de Fenacles [1] eschevins, qui illec estoient pour veir et faire faire led. exécution. madame vesve de mons' du Vroilland, laquelle se mist à genoulx, pria à mesd. bailli, chastelain et eschevins dess. nomméz, que à sa prière et requeste ilz vaulsissent faire grâce aud. pescheur, et lui remettre et pardonner l'offense par lui faicte et quittier sond. poing, sur quoy mond. s' le bailli et aussi led. chastellain furent contens de ce faire, et oye leur réponse, mesd. seigneurs les eschevins dirent que bien avoient oye le requeste dessusd., que voulentiers le grace rapporteroient devers messieurs qu'ilz espéroient encore estre en halle, et feroient-ils ce que par eulx leur en seroit ordonné, et prestement par le sergent

[1] Peut-être de Fernacles.

à vergue qui avoec eulx pour led. exécution estoit au pillory, firent faire deffence aud. bourrel qu'il ne procédast plus avant jusques à leur retour, et atant retournèrent et déclairèrent ce que dit est, lesquelz, considéré que le cas estoit pitoyable, le pardonnèrent et quittèrent icellui poing, ce que les deux dessus nomméz vinrent relater et déclairer à mad. dame, et partant fu led. hannequin délivré, lequel prestement sen fuy loer le glorieuse vierge Marie en le cappelle sur le marchié, et mad. dame remerchia très humblement lesd. mons' le bailli, chastellain et mesd. seigneurs [1].

(Extrait du registre aux délib. de l'échev. C f° 1111.)

II

23 Octobre 1655.

Reglement pour l'officier des haultes oeuvres de la ville de S' Omer.

« Premièrement comme ledit office concerne l'exécution de la justice du droict les criminels qui at pour butte la gloire de Dieu, le service du prince et du bien publicq,

» Ledit officier, en faisant ses devoirs en droict les patiens aura toujours esguard qu'en exerceant le dit office il se doibt conduire avecq humanité, commisération et affabilité, mesmes les consoler sellon son pouvoir, et les exhorter à la confiance en Dieu, et de souffrir ce que leur est ordonné par la justice avecq patience pour l'expiation de leurs faultes ;

» Que ledit officier ne pourra prétendre à beaucoup moins prendre et lever quoyque ce soit dont les particu-

[1] L'individu dont il est question ci-dessus avait fait rebellion à main armée contre les officiers du Magistrat, et il avait été condamné à avoir le poing coupé. Willequin Pauwels était un clerc non marié qui fut réclamé par l'official de Thérouanne pour être puni et jugé. (Feuillet précédent dudit registre.)

liers ou le publicq pourroient estre intéressez sans l'au-
thorité et permission de Messieurs, à peine de punition
arbitraire ;

» En quoy toutteffois ne seront comprins les bestes
mortes quy se doibvent mener à la voirie hors de la ville
comme at esté fait du passé, desquelles il aura les des-
pouilles, en faisant faire les debvoirs pour les transporter
sur ladite voirie désignée ou à désigner par mesdits sieurs,
à ses fraiz et despens, et à qvoy il sera tenu vacquer en
diligence et sans perte de temps ;

» Qu'il ne pourra sortir de ceste ville pour s'en absenter
une ou plusieurs nuietz sans congié de Messieurs du Magistrat, s'ilz sont assemblez, sinon, de Monsieur le Mayeur,
ou en son absence, du lieutenant de Mayeur ;

» Qu'audit officier est accordé affranchissement de guet,
guarde et logement de soldat, comme aussy d'impos sy
avant qui yceulx dépendent de la disposition seulle de
messieurs pour les bières qu'il fraiera en son mesnaige
sans fraulde et de bonne foy, luy interdisant d'en vendre
ou brocqueter à tel prétexte que ce soit, à peine arbitraire;

» Qu'il aura pour gaiges à la cherge de ceste ville douze
florins par mois, avecq sa demeure en la maison addictée
audit office, laquelle sera mise en estat convenable d'ha-
bitation, selon le temps, à cherge de l'entretenir de cou-
vertures et verrières qui luy seront donnez en bon estat;

» Que moyennant ce, il serat aussy submis de servir la
ville au faict dudit office sellon les cas quy se présenteront, sans aultre rétribution, en la mesme forme et manière qu'ont faict ses prédécesseurs audit office ;

» Sur touttes lesquelles cherges et conditions s'estant
présenté audit office vaccant par le trespas de Jean Cres-
pioeul la personne de Guillaume Vaguette, natif de Haut-
bourdin lez Lille, demeurant à Armentières, icelluy, après
avoir été examiné par Messieurs en halle, et qu'il at
exhibé le certificat de son pasteur, signé Géry Lespaniol,
touchant sa conduicte et vie catholicque, at à sa réquisi-
tion esté recheu et admis audit office pour le tenir par

provision et tant qu'il plaira à messieurs soubz le bon plaisir de ceulx qu'il appartiendra sy besoing est.

» Lui aïant esté accordé pour son voiage de l'aller et du retour aud' Armentières, doù il at promis de rendre en ceste ville au plus tot avecq son mesnaige, la somme de douze florins. »

(Registre aux délib. du Magistrat BB, f°s 88 à 90.)